AF355834

MARCHÉ

POUR

LES HÔPITAUX

DES

RELIGIEUX DE LA CHARITÉ

À L'ÎLE

DE S.ᵗ-DOMINGUE.

Du 13 Décembre 1780.

Pour cinq années, à compter du 1.ᵉʳ Mai 1778.

HÔPITAUX

Des Religieux de la Charité dans l'île de Saint-Domingue.

SA MAJESTÉ étant satisfaite du compte qui lui a été rendu du service pour ses Troupes & Gens de mer, dans les Hôpitaux de l'Ordre de la Charité en l'île de Saint-Domingue; & étant d'ailleurs informée que le Traité fait à Versailles le 17 décembre 1768, est expiré, il a été fait envers Monseigneur LE MARQUIS DE CASTRIES, Ministre & Secrétaire d'État, ayant le département de la Marine, par le soussigné Frère THÉODORE FACIOT, Supérieur général des hôpitaux dudit Ordre, pour & au nom des deux hôpitaux du même Ordre, établis à Saint-Domingue, la présente soumission, par laquelle les Supérieurs desdits hôpitaux s'obligent d'y traiter, panser & fournir tout ce qui sera nécessaire pour le traitement des malades des Troupes de Sa Majesté, Officiers, Soldats, Gens de mer & Ouvriers employés au service du Roi, sous les conditions suivantes :

ARTICLE PREMIER.

IL sera reçu dans l'hôpital des Religieux de la Charité du Cap-françois, & dans celui de Léogane, autant de Soldats, Matelots, ou autres malades à la solde du Roi, que les salles destinées à recevoir les malades en pourront contenir, sans empêcher que les habitans ni les Matelots des navires marchands puissent y être reçus, s'il s'y en présente. Ils pourront également placer des habitans malades dans le pavillon des Officiers, en observant néanmoins de laisser toujours trois chambres vides, pour les Officiers qui pourroient survenir.

Les Pauvres qui seront reçus dans lesdits hôpitaux, seront séparés, autant que faire se pourra, des Soldats & Matelots.

A ij

2.

Les bâtimens qui composent actuellement l'hôpital du Cap, seront constatés par un procès-verbal de visite & reconnoissance, qui sera annexé au présent Marché : & seront lesdits bâtimens entretenus à l'avenir, & à compter du 1.er Janvier 1781, par lesdits Religieux, moyennant la somme de dix-huit mille livres, argent des Isles, qui leur sera payée tous les ans, de six mois en six mois, pendant la durée du présent Marché.

3.

Lesdits Religieux seront conservés dans les priviléges qui leur ont été concédés par les Lettres patentes de leur établissement, & autres bienfaits qu'il a plu au Roi leur accorder, pour les aider à soulager les Pauvres ; ce faisant, ils jouiront de l'exemption de Capitations, corvées, & de toutes autres charges & impôts, mis ou à mettre pour leurs Domestiques & Nègres employés au service de leurs hôpitaux, ainsi que pour cinquante Nègres travaillant sur les habitations, & de l'exemption de Milice pour leurs Économes-Raffineurs, suivant & conformément à l'article VI des Lettres patentes du mois de mars 1719.

Lesdits Religieux ne devant plus profiter de la taxe de la viande, portée en l'article III desdites Lettres patentes, Sa Majesté leur fera payer des fonds de la Colonie, cinq mille livres par an ; & pareillement, chaque année, cinq mille livres de pension par forme d'entretien : le tout argent des Isles.

4.

Il n'y aura, pour inspecter le service, aucun Contrôleur ni Employé subalterne ; mais le Supérieur de la maison rendra compte de tout ce qui concerne le service des Troupes, au Gouverneur-Lieutenant-général, à l'Intendant & à tous autres Officiers de l'État-major, auxquels le Général donnera commission de veiller au service.

Les Commissaires de la Marine ayant le département, visiteront l'hôpital & inspecteront le service, en se conformant à tout ce qui est porté au présent Traité ; s'ils s'aperçoivent de quelque négligence ou omission dans le service, ou si les malades font des plaintes, il y sera par eux pourvu provisoirement, après en avoir parlé en particulier au Supérieur de la maison, ou au Religieux Grand-infirmier, pour y apporter remède : les Officiers de visite ne pourront que faire leurs observations audit Supérieur, & en particulier seulement, lorsqu'ils viendront à l'hôpital.

5.

LES Religieux traiteront & panferont eux-mêmes les Officiers, Soldats, Matelots ou autres à la folde du Roi, & ils leur feront toutes les opérations de Chirurgie néceffaires. Les Religieux-chirurgiens pourront fe faire aider, dans les opérations & panfemens, par des Nègres inftruits ; mais ces Nègres ne pourront faigner les malades, ni faire aucuns panfemens, fans la préfence d'un Religieux ou Chirurgien.

Dans le cas où il ne fe trouveroit pas un nombre fuffifant de Religieux-chirurgiens, le Supérieur s'en pourvoira dans la Colonie ou ailleurs, lefquels feront à fes ordres & aux frais de la Maifon; il pourra les prendre & congédier à volonté.

6.

LE Chirurgien du Roi au Cap, ceux des différens Corps militaires & Vaiffeaux du Roi, viendront à l'hôpital quand bon leur femblera, mais ils n'auront pas le droit de rien prefcrire ni de rien faire, s'ils n'en font requis par les Religieux, auxquels, au furplus, ils pourront faire telles obfervations qu'ils jugeront utiles ou néceffaires pour l'avantage des malades. Le Médecin de Sa Majefté y fera affidûment, après les arrangemens qui feront pris avec lui à cet effet, la vifite des malades & bleffés, & il les traitera en conférant avec les Religieux, Infirmiers & Chirurgiens.

7.

LES Religieux entretiendront deux Aumôniers à l'hôpital du Cap, & un feulement à celui de Léogane, & il fera alloué par chaque Aumônier deux journées de malades par jour, fur les états qui feront arrêtés chaque mois. Les Aumôniers que les Religieux de la Charité auront fait paffer de France pour le fervice des hôpitaux dans ladite Colonie, ne pourront être employés ni admis à aucune fonction par le Préfet apoftolique ni autres, fans avoir vu le confentement par écrit du Supérieur de l'hôpital où lefdits Aumôniers auront deffervi.

8.

TOUTES les marchandifes, vins, farines, eaux-de-vie, drogues, toiles, étoffes, vaiffelle, meubles & autres chofes que ce puiffe être, qui feront achetés en France par les Religieux de la Charité, pour être envoyés auxdits hôpitaux, feront exempts de tous droits & péages quelconques, pour la traverfée dans toutes les provinces du Royaume, & jufqu'à leur arrivée à ladite Colonie, foit que ces droits appartiennent au Roi, aux provinces ou aux communautés;

& à cet effet tous paſſeports ſeront donnés par le Secrétaire d'État ayant le département de la Marine : Sa Majeſté donnera ſur les Vaiſſeaux ou autres allant & venant de Saint-Domingue, le paſſage & le retour en France, tant des Religieux que de leurs Aumôniers, ainſi que pour tous autres Employés dont ils auront beſoin pour le ſervice des Troupes.

9.

LES Religieux jouiront, quand il leur plaira, du droit de faire boucherie pour leur uſage dans leurs maiſons, & les bouchers du Cap & de Léogane ſeront tenus de fournir en tout temps & par préférence à tous autres, la quantité de viande qui leur ſera demandée & de la meilleure qualité, pour le ſervice de l'hôpital, au prix qui ſera fixé par la carte banie pour le compte du Roi.

10.

LES Soldats & gens de mer attaqués de maladies vénériennes, ainſi que les galeux, s'il en eſt envoyé aux hôpitaux, ſeront mis dans un lieu ſéparé des autres malades, & ils y ſeront traités ſuivant l'avis des Médecin & Religieux-chirurgiens, avec les remèdes qu'ils jugeront les plus convenables.

11.

LES Religieux-chirurgiens dreſſeront tous les mois un état des malades qui auront été reçus dans leur hôpital; ils y ſpécifieront la nature des maladies qui auront dominé, & les moyens qui auront été employés pour les traiter : cet état ſera fait de concert avec le Médecin du Roi qui le ſignera, ainſi que les Religieux-chirurgiens, & il ſera préſenté au Gouverneur-Lieutenant-général & à l'Intendant, pour être enſuite envoyé au Secrétaire d'État ayant le département de la Marine.

12.

LA journée du Soldat, Matelot ou de tous autres entretenus à la ſolde du Roi, ſera payée pour la maiſon du Cap indiſtinctement pour toutes ſortes de maladies, à raiſon de trois livres argent des îles, en temps de paix.

13.

LA journée d'Officier ſera payée, en temps de paix, à raiſon de dix livres argent des îles.

14.

EN temps de guerre, la journée du Soldat, Matelot ou tous autres entretenus à la ſolde du Roi, ſera payée indiſtinctement pour toutes fortes de maladies, à raifon de quatre livres dix fous; & la journée d'Officier, à raifon de quinze livres : le tout argent des îles.

Il fera fourni des magafins du Roi, les farines néceffaires, & même du vin & autres marchandifes ou denrées qui pourroient s'y trouver, en rembourfant, par les Religieux, le même prix qu'elles reviendront dans lefdits magafins, y compris le déchet; & dans le cas où lefdits Religieux prouveroient, par des états d'appréciation en bonne forme, dûment approuvés & reconnus véritables par les Adminiftrateurs pour le Roi dans la Colonie, qu'ils auroient fait une perte évidente, d'après la préfente condition, pour le temps de guerre, ils en feront indemnifés ainfi que de raifon.

15.

LES quatre deniers pour livre des Invalides, feront retenus par le Tréforier de la Colonie, fur les fommes qu'il payera auxdits Religieux.

16.

LES journées des malades feront comptées inclufivement du jour de l'entrée à celui de la fortie exclufivement : il fera donné une demi-livre de pain & un demi-fetier de vin à chaque Soldat, Matelot & autres entretenus qui fortiront guéris; mais la fortie fera déterminée & écrite la veille fur la vifite du Médecin, ou fur celle qui fera faite en fon abfence par le Religieux-chirurgien.

17.

LA journée dans laquelle le malade décédera, fera payée en entier, & en outre il fera payé pour chaque défunt fix livres argent des îles pour linceul, ouverture de la foffe & autres frais d'enterremens.

Le Commiffaire de la Marine fera retirer, chaque mois, les hardes & armes des Soldats défunts, ainfi que celles des malades & entretenus, en donnant bonne & fuffifante décharge; il fera conftruire à cet effet une chambre de garde-meubles aux frais du Roi, s'il n'y a pas dans les bâtimens actuels, de place pour les dépofer.

18.

LESDITS Religieux feront pareillement tenus & chargés de foigner & médicamenter les malades, à l'hôpital de Léogane, fuivant & conformément aux articles ci-deffus, & moyennant les mêmes prix & conditions, fans être tenus d'un plus grand entretien de fournitures, que de celles proportionnées au nombre des malades que ledit hôpital peut en contenir pour le compte du Roi. En temps de guerre, les malades dépendans du service du Roi seront également reçus audit hôpital de Léogane, sous les conditions de l'article 14 du présent Traité, & pour le nombre seulement que ledit hôpital en pourra contenir.

19.

INDÉPENDAMMENT de l'entretien des fournitures, ustensiles & choses nécessaires pour le service, qui se trouvent actuellement à l'hôpital du Cap, les Religieux seront tenus de les augmenter lorsqu'il en sera besoin, le Roi leur fera à cet effet les avances nécessaires, qui seront retenues sur les états des malades de l'hôpital, à raison du dixième du montant desdits états, à commencer du temps où lesdites fournitures d'augmentation seront mises en usage.

20.

EN cas d'accidens imprévus, tels que le feu du ciel, tremblemens de terre, inondations, invasions par l'ennemi; les Religieux seront indemnisés par Sa Majesté des pertes qu'ils auront faites, en rapportant bon & fidèle procès-verbal visé du Commissaire & approuvé du Gouverneur-Lieutenant-général & de l'Intendant de la Colonie.

21.

L'ADMINISTRATION des hôpitaux de la Charité dans l'intérieur du Royaume, n'entend être obligée de payer ni répondre en façon quelconque, d'aucune dette d'en-deçà, ni d'en-delà des mers; pour le service contracté par le présent Traité; & pour assurer le payement en France des marchandises & effets qu'il sera nécessaire d'en tirer, tant pour l'augmentation des fournitures du Cap, que pour l'entretien de celles des deux hôpitaux, il sera payé en France, par forme d'avance, sur la quittance du Procureur-syndic de l'Ordre de la Charité, la somme de quarante mille livres, argent de France, par année, laquelle somme sera tenue par égale portion, sur les états de chaque mois de l'hôpital du Cap, par le Trésorier de la Colonie, qui en tiendra compte au Trésorier général des Colonies en France.

22.

LE présent Traité durera cinq années, à compter du 1.er Mai 1778; mais soit qu'à son échéance le Roi reprenne le service de ses Troupes, ou qu'il le donne à des Entrepreneurs, le Roi ou les Entrepreneurs reprendront les effets, drogues, ustensiles & marchandises destinées au service des Troupes, suivant l'estimation qui en sera faite par Experts, & procès-verbal dressé en conséquence, du montant defquels les Religieux feront payés moitié comptant, & l'autre moitié dans le cours des fix mois fuivans. Le Roi retiendra pour fon fervice les bâtimens qui feront reconnus lui appartenir par le procès-verval énoncé à l'article 2 du préfent Traité, ainfi que ceux qu'il pourroit faire conftruire pendant la durée dudit Traité; & les Religieux garderont ceux qui leur appartiennent, fauf à Sa Majefté d'indemnifer alors lefdits Religieux du terrein à eux appartenant fur lequel les bâtimens qui feront retenus pour le fervice du Roi, auront été faits.

23.

LES Religieux s'obligent d'entretenir, pendant la durée du préfent Marché, favoir, quatre cents lits en temps de paix, & fix cents lits pendant la guerre, dans leur hôpital du Cap; mais fi Sa Majefté ne jugeoit plus à propos d'entretenir à Saint-Domingue le nombre de Troupes proportionné aux fix cents lits ci-deffus déterminés, Sa Majefté feroit reprendre pour fon compte, à dire d'Experts, la quantité de lits excédante, ou bien il fera alloué auxdits Religieux une fomme annuelle de trente livres, argent des Ifles, pour chacun des lits qui feront reftés vacans, & ce pour indemnité de l'entretien defdites fournitures non occupées.

24.

AU moyen de ce que les prix ftipulés par le préfent Marché, ne font fixés que pour les malades qui feront reçus dans l'hôpital du Cap & celui de Léogane, lefdits Religieux ne feront tenus à l'avenir, du traitement des malades dépendans du fervice du Roi, que dans l'enceinte de leurs maifons & hôpitaux feulement, tant en temps de paix qu'en temps de guerre; fauf néanmoins en cas que les Troupes foient obligées d'entrer en campagne dans cette Colonie, & qu'il n'y ait plus de fervice à faire à l'hôpital, de fuivre l'Armée pour y faire le fervice des malades aux prix qu'il conviendroit de fixer.

Les fournitures feront délivrées & le fervice fe fera dans l'ordre fuivant.

IL fera fourni par jour, pour chaque Officier malade, une livre & demie de viande de boucherie, & une poule de quatre en quatre; & lorfque l'un d'eux voudra & fera en état de manger de la viande grillée ou rôtie, elle fera prife en déduction des quantités ci-deffus mentionnées; le furplus fera de bonne qualité & fervi proprement, mais en même quantité qu'il fera dit ci-après pour les autres malades.

Afin que lefdits Officiers obfervent exactement le régime qui leur fera prefcrit, ils feront fervis féparément, & il ne fera pas permis aux Religieux de les admettre à leur table.

Les lits pour les Officiers, feront compofés d'un bon matelas, d'une paillaffe de mahis, d'une couverture de laine ou de coton, d'un traverfin de plume d'oie, d'un oreiller garni des mêmes plumes, & de draps de toile blanche & propre ; mais ils fe fourniront eux-mêmes de chemifes, de bonnets & de robes de chambre. Ils pourront être mis plufieurs dans un même appartement ; ils auront un domef-tique noir de quatre en quatre, & plus fi la maladie le requiert ; les chambres ou appartemens feront garnis de meubles propres & néceffaires.

Si un Officier malade vouloit être fervi particulièrement par fon domeftique blanc ou noir, ou par un Soldat de fon Corps, ce ne pourra être qu'à fes propres frais, & non à la charge de l'hôpital ou du Roi.

Pour chaque Soldat, Matelôt ou autres entretenus à la folde du Roi, il fera fourni par jour dix-huit onces de viande de boucherie, poids de marc, avec une volaille par dix malades ; & lorfqu'il y aura impoffibilité ou grande difficulté d'avoir cette quantité de volaille, il fera mis en place, trois onces de viande de mouton par malade, & à défaut de mouton une demi-livre de viande de boucherie.

Vingt onces de pain blanc, bien cuit, frais, fait de farine de la meilleure qualité.

Une chopine de vin, mefure de Paris, de bonne qualité, crû de Bordeaux.

Les malades convalefcens en état de prendre la nourriture ci-deffus, feront fervis, à fept heures du matin, d'un bouillon ; à onze heures d'un bouillon avec viande & vin, le tout compofé de la moitié des quantités ci-deffus mentionnées ; & le foir à cinq heures, le foupé fera fervi comme à dîné ; la diftribution du pain fe fera deux fois par jour, en deux portions égales, favoir ; dix onces à dix heures du matin, & dix onces à quatre heures de l'après-midi ; les malades tailleront eux-mêmes leur foupe dans les écuelles qui leur feront données à cet effet, & ils auront foin de réferver du pain de la veille pour le potage du matin.

Le Médecin ou Religieux-infirmier fera libre de faire diftribuer la volaille, quand il y en aura, aux malades auxquels il le jugera néceffaire, & même d'augmenter & diminuer la portion d'alimens, ainsi qu'il le trouvera à propos, relativement à la situation des malades.

Ceux qui auront besoin d'un régime moderé, auront des œufs, des panades, du riz, des pruneaux, des confitures du pays, du vin & autres choses qui pourront leur être nécessaires & réglées par ledit Médecin.

La viande restante du bouillon du matin, sera rejetée dans la marmite du consommé.

Les malades seront couchés seuls, & leurs lits seront composés d'une couchette, d'une paillasse, d'un matelas fait de crin, laine ou coton, d'un traversin de plume ou de paille de mil, & d'une couverture de laine ou d'autre matière équivalente ; on pourra même se servir de hamacs s'ils sont praticables pour le bien du service & des malades.

L'hôpital sera fourni de trois paires de draps pour chaque lit, de six chemises, de six bonnets de toile.

Il y aura la quantité de chaises de commodité nécessaires, une robe de chambre pour vingt malades, une écuelle, une petite assiette pour chacun, avec un pot & une pinte couverts, une tasse & une cuiller, laquelle vaisselle sera d'étain.

Il y aura un Religieux-infirmier général, bien expérimenté au traitement & gouvernement des malades; deux Religieux-chirurgiens & un Apothicaire ; ils auront sous eux d'autres Religieux ou Chirurgiens, Apothicaires & autres employés capables de les aider dans leurs fonctions auprès des malades ; mais le nombre des Religieux ou Aides-chirurgiens, ne pourra être exigé au-delà d'un pour cinquante malades ordinaires, & un pour vingt blessés ; il sera fourni un domestique blanc ou noir pour quinze malades ; il y aura toujours un Infirmier blanc de ronde dans les salles pendant la nuit, & un Nègre veillant pour vingt-cinq malades : l'Infirmier blanc de garde, veillera à ce que les domestiques soient à leur devoir près des malades.

La visite des malades fébricitans se fera le matin à heure déterminée par le Supérieur de la maison & le Médecin; lorsque ce dernier ne pourra s'y rendre à l'heure indiquée, la visite sera faite par l'Infirmier général, avec les Religieux-chirurgiens en chef & l'Apothicaire : on donnera aux malades les remèdes qui auront été ordonnés, & si le Médecin vient ensuite, on lui rendra compte de la visite & de l'état des malades.

Les pansemens des blessés se feront à l'issue de la visite des fébricitans à l'heure convenue, & dont le Médecin sera également averti, afin de s'y trouver

Les infirmeries feront fournies de tous les meubles & uftenfiles néceffaires au fervice des malades, même de biberons, baffins, urinaux, baignoires portatifs & de toutes chofes utiles, ainfi qu'il eft d'ufage dans tous les hôpitaux de l'Ordre de la Charité.

Il fera envoyé une garde fuffifante dans l'hôpital, commandée par un Officier qui fera obferver la configne réglée avec le Supérieur de la maifon; les Religieux ne feront point tenus de nourrir cet Officier, foit à leur table, foit dans fon corps-de-garde.

Les portes de l'hôpital feront fermées à la nuit tombante, pour n'être ouvertes pendant la nuit qu'aux ordres du Gouverneur-Lieutenant-général & Intendant, ou pour recevoir des malades.

Les regiftres, billets d'entrée & de fortie des malades, ainfi que les mouvemens & extraits mortuaires, & les états des journées feront tenus dans la forme qu'ils l'ont été pendant la durée du dernier Traité; & à cet effet les feuilles d'état pour les journées, de même que les billets d'entrée & de fortie, mouvemens & extraits mortuaires feront ordonnés à l'Imprimerie royale & fournis gratuitement par le Roi.

Le regiftre deftiné à tranfcrire l'entrée des malades, fera paraphé en toutes fes pages par le Commiffaire de la Marine, & les états de journées feront conformes à ce qui fera écrit fur ledit regiftre; lefdits états feront vérifiés & arrêtés chaque mois par le Commiffaire, & ils feront vifés par l'Intendant, pour être payés de mois en mois par le Tréforier de la Colonie, préférablement à tout autre objet de dépenfe.

Vu & approuvé.
Signé LE MARQUIS
DE CASTRIES.

A Paris, le treize décembre mil fept cent quatre-vingt.
Signé THÉODORE FACIOT.

9 782329 332734